물 아저씨 과학 그림책 12

불 아저씨는 늘 배고파

2016년 7월 15일 1판1쇄 발행 | 2024년 3월 10일 1판16쇄 발행

글그림 | 아고스티노 트라이니   옮김 | U&J
펴낸이 | 나춘호   펴낸곳 | (주)예림당
등록 | 제2013-000041호   주소 | 서울시 성동구 아차산로 153
구매 문의 전화 | 561-9007   팩스 | 562-9007
책 내용 문의 전화 | 3404-9251
http://www.yearim.kr

책임 개발 | 박효정 / 서인하 문새미   디자인 | 이정애   저작권 영업 | 문하영 / 박정현
제작 | 신상덕 / 박경식   영업 홍보 | 김민경   마케팅 | 임상호 전훈승

ISBN 978-89-302-6869-1 74400
ISBN 978-89-302-6857-8 74400(세트)

이 책의 한국어판 저작권은 (주)예림당과 Atlantyca S.p.A.사와의 독점 계약으로 (주)예림당에 있습니다.
저작권법에 의해 한국 내에서 보호를 받는 저작물이므로 무단 전재와 복제를 금합니다.

All names, characters and related indicia contained in this book, copyright of Edizioni Piemme S.p.A.,
are exclusively licensed to Atlantyca S.p.A. in their original version. Their translated and/or adapted
versions are property of Atlantyca S.p.A. All rights reserved.
Text and illustrations by Agostino Traini

©2014 Edizioni Piemme S.p.A., Palazzo Mondadori – Via Mondadori, 1 – 20090 Segrate
©2016 for this book in Korean language – YeaRimDang Publishing Co., Ltd.
International Rights   Atlantyca S.p.A. - foreignrights@atlantyca.it – www.atlantyca.com
Original Title: STORIE ATTORNO AL SIGNOR FUOCO
Translation by: 불 아저씨는 늘 배고파

No part of this book may be stored, reproduced or transmitted in any form or by any means, electronic
or mechanical, including photocopying, recording, or by any information storage and retrieval system,
without written permission from the copyright holder. For information address Atlantyca S.p.A.

물 아저씨 과학 그림책 12

불 아저씨는 늘 배고파

글·그림 아고스티노 트라이니

바람이 솔솔 부는 날, 아고와 피노는 해변으로 캠핑을 왔어요.
"야호, 바다에 오니까 기분이 정말 좋아!"
뚝딱뚝딱 텐트를 치고 나니 금세 배가 고팠어요.

"일단 점심부터 먹을까?"
아고는 마른 나뭇가지를 쌓고 냄비를 매달았어요.
그런데 성냥을 찾을 수가 없었어요.

아고와 피노는 배가 고파 울상이 되었어요.
그때 물 아저씨가 해 아저씨와 공기 아줌마를 불렀어요.

해 아저씨가 물 아저씨의 코에 햇빛을 비추자, 빛이 나뭇가지에
한데 모였어요. 공기 아줌마는 바람을 살살 불었지요.
마침내 몽실몽실 연기가 피어오르기 시작했어요.
불 아저씨를 불러온 거예요!

불 아저씨는 피어오르자마자 배가 고팠어요.
"얘들아, 안녕? 그런데 먹을 것 더 없니?"
아고와 피노가 바싹 마른 나뭇가지를 잔뜩 가져다주자
불 아저씨는 기지개를 켜고 화르르 타올랐어요.

아고와 피노는 얼른 따끈한 수프를 만들어 먹었어요.
불 아저씨는 물 아저씨와 다정하게 인사를 나누었지요.
"물 아저씨랑 불 아저씨는 친구예요?"
"그래, 우리는 알고 지낸 지 아주아주 오래됐어."

물 아저씨는 옛날 일을 떠올리며 이야기를 시작했어요.
"우리는 나이가 아주 많아. 오래전부터 사람들과 함께 지내 왔지. 그런데 그때 사람들은 불 아저씨를 잘 몰랐어."

"요리도 전혀 안 했어. 음식을 익히지 않은 채 날것으로 먹었거든."

"빨갛게 빛나는 건 해 아저씨뿐이었어.
사람들은 밝고 따뜻한 해 아저씨를 참 좋아했지."

"해 아저씨가 없는 밤이 되면 세상은 몹시 캄캄하고 추웠어. 그러면 사람들은 동굴 안으로 숨었어. 무서운 동물과 추위를 피하려고 말이야."

"사실 이때만 해도 사람들은 불 아저씨를 아주 무서워했어. 가끔 하늘에서 번쩍하고 번개가 치면 모두 도망치기 바빴어. 불 아저씨가 나무를 쪼개거나 동식물을 불태웠으니까. 그저 인사를 하려고 한 것뿐인데 말이야."

"한번은 불 아저씨가 땅속에서 튀어나온 적도 있어. 멋진 불꽃놀이를 보여 주고 싶었던 거야. 하지만 사람들은 화산이 터지는 걸 보고 겁에 질려 부리나케 달아났어."

"불 아저씨가 반가워서 달려들면, 사람들은 너무 뜨거워서
소리를 질렀어. 데는 일도 많았고. 그럴 때마다
내가 달려가 열을 식혀 줬지!"

"아휴, 불 아저씨와 잘 지내는 방법을 몰랐나 봐요."
아고가 한숨을 푹 내쉬었어요.
"맞아. 불 아저씨와 친해지려면 꼭 지켜야 할 게 몇 가지 있거든."
물 아저씨가 빙긋 웃었어요.

이제 괜찮아요.

불 아저씨는 무서워요!

불 아저씨와 친해지는 법을 몰라서 그래.

"불 아저씨는 매우 뜨거워서 손이나 몸을 직접 대면 절대 안 돼.
사람들도 방법을 알고서는 불 아저씨를 무서워하지 않게 됐어."

"신이 난 불 아저씨는 사람들을 열심히 도와줬어.
활활 타올라서 무서운 동물을 쫓아내고 캄캄한 어둠도 밝혔어.
동굴을 따뜻하게 데우고 음식도 맛있게 익혔지!"

"하지만 여전히 어떻게 불 아저씨를 불러오는지는 몰랐어.
식사 때마다 번개가 치기를 기다릴 순 없잖아?"
"그래서 어떻게 했어요?"
궁금해진 아고가 눈을 반짝였어요.

"누군가가 방법을 알아냈지. 돌멩이 두 개를 딱딱 부딪치거나 나뭇가지를 서로 비비면 열이 나면서 불이 붙는다는 걸 말이야. 이런 방법은 시간이 오래 걸리긴 했어. 그래서 훨씬 나중에는 성냥과 라이터를 만들어 냈지."

"불 아저씨는 하는 일이 점점 많아졌어. 도자기를 굽고, 쇠를 녹이고, 유리병을 만들고, 배와 기차가 움직이도록 연료를 태웠어. 물론 피자도 아주 맛있게 구웠지."

"하지만 불 아저씨가 좋은 일만 한 건 아니었어.
숲과 나무를 태우고, 폭탄을 터뜨리며 전쟁을 하기도 했어.
물론 그건 불 아저씨의 잘못이 아니었지만 말이야."

끔찍해!

정말 못됐어.

안타까운 일이야.

"불 아저씨는 항상 배가 고프대. 먹는 걸 무척이나 좋아하거든. 먹으면 먹을수록 커지고, 너무 커지면 사나워져서 말릴 수도 없어. 그러니까 언제나 불 아저씨를 잘 지켜봐야 해."

"불 아저씨가 너무 커지면 어떻게 해요?"
"그럼 정말 큰일이 날지도 몰라. 그럴 땐 내가 나서야 해.
빨리 불 아저씨를 진정시켜야 하거든."

밤하늘에 반짝반짝 별이 뜨고, 물 아저씨의 이야기도 끝이 났어요.
피노는 벌써 콜콜 잠이 들었어요. 불 아저씨도 장작을 모두
먹어 치우고 꿈나라로 갔고요.
"물 아저씨, 내일 아침밥 할 때 다시 만나요!"
아고가 성냥을 흔들며 인사했어요.

불 아저씨와 함께하는 신나는 과학 실험

차근차근 따라 해 보세요!
그동안 알지 못했던 재미있고 흥미진진한
사실들을 알게 될 거예요.

불 아저씨 얼굴 그리기

준비물

성냥 1개와
어른 한 명

양초 1개

종이와 색칠 도구

난이도

1 어른의 도움을 받아 양초에 불을 켜고 불꽃을 관찰해요.
색은 어떤가요? 모양이 바뀌지는 않나요?

2 이번에는 가스레인지의 불을 켜고 관찰해요. 꼭 어른과 함께하세요! 양초의 불꽃과 뭐가 다른가요?

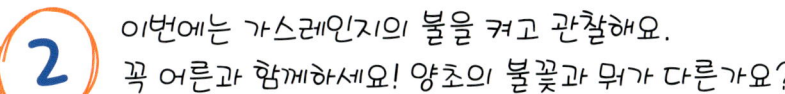

3 이제 관찰했던 불꽃을 그려 볼까요? 종이에 그림을 그리고 예쁘게 색칠도 해요. 그러면 나만의 불 아저씨가 안녕! 하고 인사할 거예요.

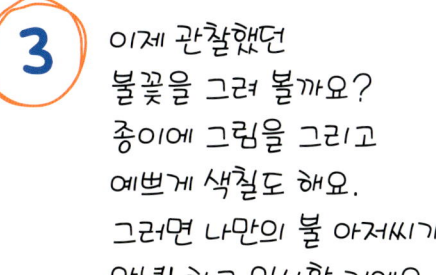

'불' 하면 대개 빨간색을 먼저 떠올리지만 노란색도 있고 파란색도 있어요. 불의 색은 대개 온도와 관계가 있어요. 빨간색 불은 비교적 온도가 낮고 파란색 불은 온도가 높아요.

사과 물고기

준비물

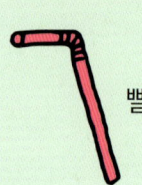 빨대 1개

 껍질째 먹을 수 있게 깨끗이 씻은 사과

 얇게 저민 아몬드

 플라스틱 칼

 가위

난이도

1 어른에게 사과를 깎아 달라고 해요.
사과는 여러 조각으로 나누고 가운데 씨를 도려내요.
껍질은 버리지 말고 모아 둬요.

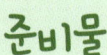

2 사과 조각으로 물고기의 몸을 만들어요.
빨대로 구멍을 뚫어서 눈을 만들고,
앞쪽을 도려내 입을 만들어요.

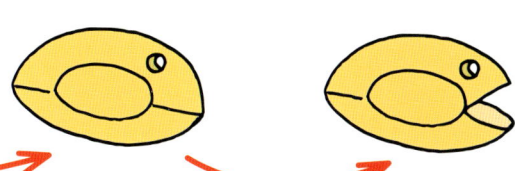

3 얇게 저민 아몬드로 물고기의 지느러미와 꼬리를 만들어요.
남겨 뒀던 사과 껍질을 잘라서 빨간 지느러미와 꼬리를 만들어도
예쁘겠죠?

사람은 불을 발견하면서부터
이전과는 다른 삶을 살게 되었어요.
날것을 먹었을 때는 병에 걸려
아픈 일이 많았는데, 음식을 익혀
먹은 뒤부터는 건강하게 좀 더
오래 살 수 있게 되었어요.

4  사과 물고기는 모두가 즐겁게
먹을 수 있을 거예요.
원시인 친구도요!

맛있겠다!

야고스티노 트라이니는 누구일까요?

저는 1961년에 태어났어요. 어렸을 때는 몰랐어요.

커서 그림책을 만드는 사람이 될 줄 말이에요.

한 권의 책을 만들려면 먼저 좋은 생각이 떠올라야 해요.

보통은 재미있는 등장인물들이 머릿속에 떠올라요.

엉뚱한 상황들도요.

하지만 가끔은 아무 생각도 나지 않을 때가 있어요!

생각이 떠오르면 그림을 그리기 시작해요. 먼저 연필로 그린 다음, 검은색 잉크로 다시 그려요.

그런 다음, 모든 장면을 색칠해요. 붓과 물감을 쓰기도 하고

컴퓨터로 작업할 때도 있어요. 이 책은 컴퓨터로 만들었어요.

이 모든 작업이 끝나면 인쇄해서 책이 완성됩니다. 정말 행복한 순간이지요!

Agostino Traini

아래의 주소로 저에게 이메일을 보낼 수 있어요.
agostinotraini@gmail.com

물 아저씨 과학 그림책

과학 공부의 시작은 물 아저씨와 함께!
세상 곳곳의 신기한 과학 현상을 배우며
지적 호기심을 가득 채워 보세요!

글·그림 아고스티노 트라이니 | 175×240mm | 32~48쪽 | 각 권 8,500원

1. 물 아저씨는 변신쟁이
2. 공기 아줌마는 바빠
3. 해 아저씨는 밤이 궁금해
4. 키다리 나무 아저씨의 비밀
5. 계절은 돌고 돌아
6. 물 아저씨와 감각 놀이
7. 알록달록 색깔이 좋아
8. 화산은 너무 급해
9. 물 아저씨는 힘이 세
10. 농장은 시끌벅적해
11. 바람 타고 세계 여행
12. 불 아저씨는 늘 배고파
13. 폭풍은 이제 그만
14. 물 아저씨와 몸속 탐험
15. 옛날에 공룡이 살았어

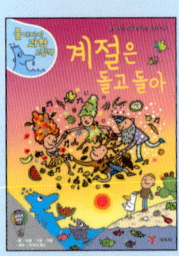   

 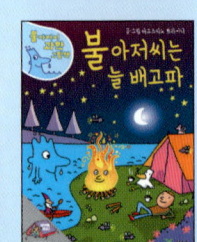

물 아저씨와 건강한 먹거리
물 아저씨와 신나는 크리스마스

글·그림 아고스티노 트라이니 | 220×280mm | 32쪽 | 각 권 13,000원